The Life of

BILINGUAL SHORT STORIES
in GREEK
FOR BEGINNERS

A1-A2

Greek-English
Dual Language

Phoebe Kouris

Copyright © 2023 Phoebe Kouris.

All rights reserved

The characters and events portrayed in this book are fictitious. Any similarity to real persons, living or dead, is coincidental and not intended by the author.

No part of this book may be reproduced, or stored in a retrieval system, or transmitted in any form or by any means, electronic, mechanical, photocopying, recording, or otherwise, without express written permission of the publisher.

Γειά σου! Welcome to 'The life of Dimitris: Bilingual Short Stories in Greek for Beginners.' In this captivating collection, we embark on a journey through the life of Dimitris, following his adventures and meeting his friends. As you immerse yourself in these tales, you'll not only discover his life but also enhance your Greek language skills. Each short story is carefully crafted to provide an enjoyable and accessible reading experience for beginners, allowing you to build your vocabulary and comprehension. Below each paragraph you'll find the English translation, so you'll always feel safe along the way. You will also find creative writing activities so you can practice your Greek writing skills and have fun. Now get ready and start discovering Dimitris's life!

Ο Δημήτρης και η οικογένειά του

Dimitris and his family

Ο Δημήτρης είναι δεκαέξι χρονών. Είναι μαθητής και πηγαίνει σχολείο. Μένει με τη μαμά και τον μπαμπά του. Ο Δημήτρης δεν έχει αδέρφια, είναι μοναχοπαίδι.

Dimitris is sixteen years old. He is a student and goes to school. He lives with his mother and father. Dimitris has no siblings, he is an only child.

Ο μπαμπάς του Δημήτρη έχει ένα ωραίο μπλε αυτοκίνητο, αλλά είναι βρώμικο. Δεν έχει χρόνο να το καθαρίσει, είναι πάντα απασχολημένος. Είναι δικηγόρος και έχει πολλή δουλειά, περνάει πολύ χρόνο μακριά από το σπίτι.

Dimitris's dad has a nice blue car, but it's dirty. He doesn't have time to clean it, he's always busy. He is a lawyer and has a lot of work, he spends a lot of time away from home.

Η μητέρα του Δημήτρη είναι δημοσιογράφος και δουλεύει πολύ. Ταξιδεύετε πολύ για δουλειά. Παρόλο που είναι πολύ απασχολημένοι, η μαμά και ο μπαμπάς του Δημήτρη βρίσκουν πάντα χρόνο να είναι μαζί του και να τον υποστηρίζουν σε όλα.

Dimitris's mother is a journalist and also works a lot. She travels a lot for work. Even though they are very busy, Dimitris's mom and dad always find time to be with him and support him in everything.

Η οικογένεια του Δημήτρη είναι πολύ δεμένη. Τα Σαββατοκύριακα πηγαίνουν στο πάρκο ή στην παραλία και περνούν υπέροχα.

Dimitris's family is very close. On weekends they go out to the park or the beach and have a lot of fun.

Ο Δημήτρης αγαπάει πολύ τα ζώα. Έχει ένα σκύλο και μια γάτα. Ο σκύλος ονομάζεται Νικόλαος και η γάτα Ζαφείρο. Ο Δημήτρης περνάει πολύ χρόνο μαζί τους.

Dimitris is very fond of animals. He has a dog and a cat. The dog's name is Nicholas and the cat's name is Angeliki. Dimitris spends a lot of time with them.

Η γάτα του Δημήτρη είναι λευκή και έχει μπλε μάτια. Ο σκύλος του Δημήτρη είναι μαύρος και έχει πράσινα μάτια. Η γάτα του Δημήτρη είναι στο δωμάτιο, πάνω από το κρεβάτι.

Dimitris's cat is white and has blue eyes. Dimitris's dog is black and has green eyes. Dimitris's cat is in the room, on top of the bed.

Στο δωμάτιο, κάτω από το κρεβάτι είναι και ο σκύλος του Δημήτρη. Ο Νικόλας και η Αγγελική είναι καλοί φίλοι, παίζουν μαζί. Ο Δημήτρης αγαπάει πολύ τον Νικόλα και την Αγγελική.

Dimitris's dog is in the room too, under the bed. Nicholas and Zafiro are good friends, they play together. Dimitris loves Nicholas and Angeliki very much.

Πώς είναι το κατοικίδιό σας;

What is your pet like?

Ο Δημήτρης έχει δύο κατοικίδια, τον σκύλο Νικόλα και τη γάτα Αγγελική. Έχετε κανένα ζώο; Γράψτε μια περιγραφή του κατοικίδιου ζώου σας ή ενός φίλου ή συγγενή. *Dimitris has two pets, Nicholas the dog and Angeliki the cat. Do you have any pets? Write a description of your pet or the pet of a friend or relative.*

Το ημερολόγιο του Δημήτρη

Dimitris's diary

Ο Δημήτρης έχει ένα ημερολόγιο, το οποίο γράφει καθημερινά. Διαβάστε το ημερολόγιο του Δημήτρη:

Dimitris has a diary, he writes in the diary every day. Read Dimitris's diary:

Caro diario, Oggi voglio raccontarti la mia routine quotidiana. Al mattino mi sveglio presto, alle 6.30. Mi vesto e faccio colazione con mia madre prima di andare a scuola.

Dear Diary, Today I want to tell you about my daily routine. In the mornings, I wake up early at 6:30 a.m. I get dressed and have breakfast with my mom before going to school.

Παίρνω το σχολικό λεωφορείο στις 7.30 και φτάνω στο σχολείο στις 8.00. Πρέπει να πάω σχολείο στις 8.00. Το πρωί παρακολουθώ διάφορα μαθήματα, όπως μαθηματικά, φυσικές επιστήμες και γλώσσες.

I take the school bus at 7:30 a.m. and arrive at the school at 8:00 a.m. I have to be at school by 8:00 a.m. During the morning, I attend different classes such as math, science and language.

Στις 12:00 κάνουμε μεσημεριανό διάλειμμα στην καντίνα. Μετά το μεσημεριανό γεύμα, επιστρέφω στην τάξη μέχρι τις 3 το μεσημέρι.
At 12:00, we have a lunch break in the cafeteria. After lunch, I return to class until 3:00 p.m.

Όταν φεύγω από το σχολείο, περπατάω σπίτι με τους φίλους μου και φτάνω γύρω στις 3.30 μ.μ. Στο σπίτι κάνω τα μαθήματά μου και μελετώ για εξετάσεις.
When I get out of school, I walk home with my friends and arrive around 3:30 pm. At home, I do my homework and study for exams.

Δεν μου αρέσουν τα μαθηματικά, με βαράνε πολύ, αλλά μου αρέσουν πολύ τα μαθήματα ιστορίας. Πάντα μελετώ σκληρά για τις εξετάσεις της ιστορίας μου και σχεδόν πάντα παίρνω κορυφαίους βαθμούς.
I don't like math homework, it bores me a lot, but I really enjoy history homework. I always study

hard for history exams and almost always have the best grades.

Μερικές φορές παίζω βιντεοπαιχνίδια ή διαβάζω ένα βιβλίο. Στις 18.30 δειπνούμε οικογενειακώς και μοιραζόμαστε τις εμπειρίες της ημέρας.

Sometimes, I play video games for a while or read a book. At 6:30 p.m., we have dinner together as a family and share our experiences of the day.

Μετά το δείπνο, περνάω χρόνο με τα κατοικίδια μου, τον Νικόλα και την Αγγελική. Παίζουμε μαζί και τους φροντίζω. Πριν πάω για ύπνο στις 10 το βράδυ, βουρτσίζω τα δόντια μου, φοράω πιτζάμες και διαβάζω ένα βιβλίο στο κρεβάτι για λίγο.

After dinner, I spend time with my pets, Nicholas and Zafiro. We play together and I take care of them. Before going to bed at 10, I brush my teeth, put on my pajamas and read a book in bed for a while.

Τέλος, κλείνω τα μάτια μου και αποκοιμιέμαι για να ξεκουραστώ.

Finally, I close my eyes and fall asleep to rest.

> **Γράψε το ημερολόγιό σου** *Write your diary*
> Σημειώστε την καθημερινότητά σας σε μια τυπική μέρα, από τη στιγμή που ξυπνάτε μέχρι τη στιγμή που πηγαίνετε για ύπνο. Μην ξεχνάτε τίποτα!
> *Write down what your daily routine is like on a typical day from the time you wake up until you go to bed. Don't forget anything!*

Δημήτρης και Μιχάλης
Dimitris and Michalis

Ο Δημήτρης έχει πολλούς φίλους. Σήμερα είναι Σάββατο και είναι στο παγωτατζίδικο. Στο παγωτό έρχονται και οι φίλοι του γιατί τους αρέσει πολύ το παγωτό.
Dimitris has many friends. Today is Saturday and he is at the ice cream shop. His friends also come to the ice cream shop because they like ice cream very much.

Ο Δημήτρης λατρεύει το παγωτό σοκολάτα και φράουλα. Αυτός και οι φίλοι του απολαμβάνουν να τρώνε παγωτό και πηγαίνουν στο παγωτατζίδικο κάθε Σαββατοκύριακο.
Dimitris loves chocolate and strawberry ice cream. He and his friends enjoy eating ice cream and go to the ice cream parlor every weekend.

Ένας από τους φίλους από το παγωτατζίδικο είναι ο Μιχάλης, ο καλύτερος φίλος του Δημήτρη. Ο Μιχάλης έχει μαύρα μαλλιά και καστανά μάτια. Είναι ιδιαίτερα ευφυής και φιλομαθής, ο καλύτερος στην τάξη.

One of the friends at the ice cream shop is Michalis, Dimitris's best friend. Michalis has black hair and brown eyes. He is very intelligent and studious, the best student in the class.

Τώρα ο Δημήτρης μιλάει στον Μιχάλη:
Now Dimitris talks to Michalis:

Δημήτρης: Μμμ, αυτό το παγωτό σοκολάτα είναι νόστιμο. Σας αρέσει το παγωτό σοκολάτα;

Μιχάλης: Ναι, Δημήτρη, είναι νόστιμο. Το αγαπημένο μου όμως είναι το βανίλια. Μου αρέσει η απαλή και κρεμώδης γεύση του.

Dimitris: Mmm, this chocolate ice cream is delicious. Do you like chocolate ice cream, Michalis?

Michalis: Yes, Dimitris, it's exquisite. Although my favorite is the vanilla. I love its smooth and creamy flavor.

Δημήτρης: Ναι, το ξέρω Μιχάλη! Όμως ο καθένας έχει τις δικές του προτιμήσεις. Τι θα λέγατε να πάμε στο βιβλιοπωλείο μετά;

Μιχάλης: Νομίζω ότι είναι υπέροχο! Μου αρέσει να εξερευνώ νέα βιβλία και να ανακαλύπτω συναρπαστικές ιστορίες.

Dimitris: Yes, I know, Michalis, but everyone has their own preferences. What do you say we go to the bookstore after this?

Michalis: I think it's great! I love exploring new books and discovering exciting stories.

Αφού απολαύσουν παγωτό, ο Δημήτρης και ο Μιχάλης πάνε σε ένα βιβλιοπωλείο. Είναι ένα μεγάλο μέρος με πολλά βιβλία. Ψάχνουν για ένα διασκεδαστικό βιβλίο, γιατί τους αρέσει να διαβάζουν.

After enjoying their ice cream, Dimitris and Michalis go to a bookstore. It is a big place with lots of books. They are looking for a fun book, as they love to read.

Στον Μιχάλη αρέσουν τα βιβλία επιστημονικής φαντασίας και στον Δημήτρη τα βιβλία ιστορίας. Ο Μιχάλης αγοράζει ένα βιβλίο, ενώ ο Δημήτρης δεν μπορεί να το αγοράσει γιατί δεν έχει λεφτά σήμερα.

Michalis likes science fiction books and Dimitris likes history books. Michalis buys a book, while Dimitris can't buy any because he doesn't have any money today.

Το ημερολόγιο του Μιχάλη

Michalis's Diary

Ο Μιχάλης έχει και ημερολόγιο! Γράφει στο ημερολόγιο κάθε μέρα. Διαβάστε το ημερολόγιό του:
Michalis also has a diary! He writes in the diary every day. Read his diary:

Αγαπητό ημερολόγιο: Σήμερα περάσαμε μια ωραία μέρα με τον Δημήτρη στο παγωτατζίδικο και στο βιβλιοπωλείο. Μας αρέσει να τρώμε παγωτό, ο Δημήτρης

προτιμά το παγωτό σοκολάτα και εγώ είμαι περισσότερο λάτρης του παγωτού βανίλιας.
Dear Diary: Today we spent a great day with Dimitris at the ice cream shop and the bookstore. We love to eat ice cream, Dimitris prefers chocolate and I am more of a fan of vanilla ice cream.

Αφού μας τελείωσε το παγωτό, αποφασίσαμε να επισκεφτούμε το βιβλιοπωλείο. Είναι τεράστιο και έχει μεγάλη ποικιλία βιβλίων.
After finishing our ice cream, we decided to visit the bookstore. It is huge and has a great selection of books.

Με γοητεύει η επιστημονική φαντασία, μου αρέσει να βυθίζομαι σε φουτουριστικές ιστορίες και να εξερευνώ νέους κόσμους στη φαντασία μου.
I am fascinated by science fiction, I love to dive into futuristic stories and explore new worlds in my imagination.

Ο Δημήτρης από την άλλη ενδιαφέρεται για την ιστορία. Ο Δημήτρης είναι ο καλύτερός μου φίλος. Πάντα ανακαλύπτουμε νέα πράγματα και μοιραζόμαστε τις εμπειρίες μας.

Dimitris, on the other hand, is interested in history. Dimitris is my best friend. We are always discovering new things and sharing our experiences.

Μαθαίνουμε πολλά ο ένας από τον άλλον και υποστηρίζουμε ο ένας τις προτιμήσεις και τα γούστα του άλλου.
Τα λέμε αύριο, αγαπητό ημερολόγιο.

We learn a lot from each other and support each other in our preferences and tastes.
See you tomorrow, dear diary.

Στο σπίτι του Μιχάλη
At Michalis's house

Τώρα πάνε στο σπίτι του Μιχάλη. Ο Μιχάλης είναι δεκαέξι, στην ίδια ηλικία με τον Δημήτρη. Ζει με τη μαμά, τον μπαμπά και τις δύο αδερφές του.

Now they go to Michalis's house. Michalis is sixteen years old, the same age as Dimitris. He lives with his mom, dad and two sisters.

Η μεγαλύτερη αδερφή ονομάζεται Έλενα και είναι είκοσι χρονών. Σπουδάζει στο πανεπιστήμιο και είναι πολύ όμορφη και συμπαθητική. Η μικρότερη αδερφή ονομάζεται Ντέμι και είναι δεκατεσσάρων ετών. Είναι πολύ ντροπαλή και δεν μιλάει πολύ.

The older sister's name is Elena and she is twenty years old. She studies at the university and is very pretty and nice. The younger sister's name is Demi and she is fourteen years old. She is very shy and doesn't talk much.

Το δωμάτιο του Μιχάλη είναι μικρό, αλλά έχει πολύ μεγάλο παράθυρο με ωραία θέα στον κήπο. Οι τοίχοι είναι πράσινοι, το αγαπημένο χρώμα του Μιχάλη.

Michalis's room is small but has a very large window with a beautiful view of the garden. The walls are green, as it is Michalis's favorite color.

Στο δωμάτιο υπάρχει ένα κρεβάτι, ένα τραπέζι, μια καρέκλα και ένα ράφι με βιβλία. Ο Μιχάλης έχει πολλά βιβλία, άλλα στο ράφι και άλλα στο τραπέζι.

In the room there is a bed, a table, a chair and a shelf with books. Michalis has many books, some on the shelf and some on the table.

Στο τραπέζι έχει επίσης τετράδια και μολύβια, επίσης διαφόρων χρωμάτων. Επίσης, έχει υπολογιστή.

He also has notebooks and pencils on the table, including pencils of various colors. In addition, he has a computer.

Δημήτρης: Μιχάλη, το δωμάτιό σου είναι πολύ ζεστό. Μου αρέσει το πράσινο χρώμα των τοίχων και ο τρόπος που έχεις οργανώσει τα βιβλία. Είναι ένα πολύ χαλαρωτικό μέρος.

Dimitris: Michalis, your room is very cozy. I love the green color of the walls and how you have your books organized. It is a very relaxing place.

Μιχάλης: Ευχαριστώ Δημήτρη. Μου αρέσει να έχω ένα ήσυχο περιβάλλον για να διαβάζω τα βιβλία μου. Επίσης, με βοηθάει να τα έχω όλα σε τάξη, ώστε να μπορώ να μελετώ και να κάνω τα μαθήματά μου πιο εύκολα.

Michalis: Thank you, Dimitris. I like to have a quiet environment to read my books. Also, it helps me to have everything in order to study and do my homework more easily.

Δημήτρης: Νιώθω πολύ άνετα εδώ. Και τον υπολογιστή στο γραφείο σας, τι τον χρησιμοποιείτε;

Μιχάλης: Το χρησιμοποιώ για να παίζω βιντεοπαιχνίδια και μερικές φορές μου αρέσει να γράφω ιστορίες επιστημονικής φαντασίας.

Dimitris: I feel very comfortable here. And the computer on your desk, what do you use it for?

Michalis: I use it to play video games and sometimes I like to write science fiction stories.

**Δημήτρης: Ακούγεται υπέροχο! Θα ήθελα πολύ να διαβάσω τις ιστορίες σου μια μέρα.
Μιχάλης: Σίγουρα! Μια άλλη μέρα μπορεί να διαβάσουμε μια από τις ιστορίες μου, αλλά σήμερα θέλω να παίξω.**

Dimitris: That sounds great! I'd love to read your stories someday.

Michalis: Sure! Another day we could read one of my stories, but today I want to play.

**Δημήτρης: Τι θέλεις να παίξεις;
Μιχάλης: Ένα πολύ ενδιαφέρον νέο τηλεπαιχνίδι. Είναι δώρο του θείου μου Κωνσταντίνου. Τώρα ανοίγω τον υπολογιστή.**

Dimitris: What do you want to play?

Michalis: A very interesting new video game. It is a gift from my uncle Konstantinos. Now I turn on the computer.

Το υπνοδωμάτιό σου *Your room*
Γνωρίσαμε το δωμάτιο του Μιχάλη, τώρα περιγράψτε το δωμάτιό σας. *We got to know Michalis's room, now you describe your room.*

Παίζουν ο Δημήτρης και ο Μιχάλης

Dimitris and Michalis play

Ο Δημήτρης και ο Μιχάλης παίζουν ένα συναρπαστικό παιχνίδι στον υπολογιστή. Ελέγχουν δύο χαρακτήρες που εξερευνούν ένα μαγικό δάσος αναζητώντας κρυμμένους θησαυρούς.

Dimitris and Michalis are playing an exciting computer game. They control two characters who explore a magical forest in search of hidden treasures.

Καθώς παίζουν, ανακαλύπτουν ένα κόκκινο σεντούκι πίσω από ένα δέντρο - είναι θησαυρός! Μέσα στο σεντούκι, βρίσκουν έναν αρχαίο χάρτη που δείχνει τη θέση ενός άλλου, ακόμη μεγαλύτερου θησαυρού. Και οι δύο είναι ενθουσιώδεις και αποφασίζουν να τον αναζητήσουν.

While playing, they discover a red chest behind a tree - it's treasure! Inside the chest, they find an ancient map showing the location of another, even bigger treasure. They both get excited and decide to go in search of it.

Ακολουθώντας τον χάρτη περπατούν σε μονοπάτια που περιβάλλονται από ψηλά δέντρα και πολύχρωμα λουλούδια. Τελικά φτάνουν σε μια σπηλιά.
Following the map, they walk along paths surrounded by tall trees and multi-colored flowers. Finally, they reach a cave.

Μπαίνοντας μέσα, ανακαλύπτουν πυρακτωμένους βράχους και αρχαία οστά. Αυτό είναι το μέρος του θησαυρού, αλλά υπάρχει ένας μεγάλος και ισχυρός δράκος που τον φυλάει.
Upon entering, they discover glowing rocks and ancient bones. This is the place of treasure, but there is an imposing and powerful dragon guarding it.

Ο δράκος έχει κόκκινα μάτια και αναπνέει φωτιά από το στόμα του. Αν και φοβισμένοι, αντιμετωπίζουν γενναία τον δράκο σε μια δύσκολη μάχη και τελικά τον νικούν. Ο δράκος πετάει μακριά.

The dragon has red eyes and spews fire from its mouth. Although frightened, they bravely face the dragon in a difficult battle and finally defeat it. The dragon escapes by flying away.

Ο Δημήτρης και ο Μιχάλης βρίσκουν ένα γυαλιστερό μπαούλο γεμάτο χρυσά νομίσματα. Είναι γεμάτοι χαρά και ευτυχία.
Dimitris and Michalis find a shiny chest full of gold coins. They are filled with joy and happiness.

Ελεύθερος χρόνος *Free time*

Ο Δημήτρης και ο Μιχάλης παίζουν βιντεοπαιχνίδια στον ελεύθερο χρόνο τους. Οι άνθρωποι έχουν πολλά διαφορετικά χόμπι ανάλογα με τα γούστα τους. Τι σου αρέσει να κάνεις στον ελεύθερο χρόνο σου;

Dimitris and Michalis play video games in their free time. People have many different hobbies depending on their tastes. What do you like to do in your free time?

Το Ημερολόγιο του Δράκου

The dragon's diary

Ο Δημήτρης και ο Μιχάλης παρατηρούν ένα άλλο μπαούλο, ένα ξύλινο σεντούκι. Ενδιαφερόμενοι, το ανοίγουν και ανακαλύπτουν ένα σημειωματάριο μέσα. Αποφασίζουν να ανοίξουν το τετράδιο και να το διαβάσουν...

Dimitris and Michalis notice another box, a wooden box. Curious, they open it and discover a notebook inside. They decide to open the notebook and read it...

Είναι το ημερολόγιο του δράκου! Και οι δύο εντυπωσιάζονται και πιστεύουν ότι είναι συναρπαστικό να έχεις την ευκαιρία να διαβάζεις για την ιδιωτική ζωή ενός δράκου.

It's the dragon's diary! They are both impressed and think it is fascinating to have the opportunity to read about the private life of a dragon.

Ο δράκος περιγράφει αυτό που κάνει κάθε μέρα, διαβάστε το ημερολόγιο του δράκου:
The dragon describes what he does every day, read the dragon's diary:

Αγαπητό ημερολόγιο,
Σήμερα θέλω να σας πω για τη μέρα μου ως δράκος στη σπηλιά. Το πρωί ξυπνάω και τεντώνω τα φτερά μου. Αναπνέω φωτιά και ζεσταίνω την εστία μου. Συλλέγω τα αρχαία οστά και τα οργανώνω.
Dear diary, Today I want to tell you about my day as a dragon in the cave. In the morning, I wake up and stretch my wings. I breathe fire and warm my hearth. I gather the ancient bones and organize them.

Μετά πετάω πάνω από το δάσος για να παρακολουθώ τα πάντα. Μερικές φορές παίζω στον αέρα. Μετά επιστρέφω στη σπηλιά και διαβάζω πολύ παλιά μαγικά βιβλία σε διάφορες γλώσσες. Το βράδυ εξασκούμαι στη μάχη.
Then I fly over the forest to keep an eye on everything. Sometimes, I play in the air. Then I go

back to the cave and read very old magic books in different languages. I practice my fighting skills in the afternoon.

Μετά το σκοτάδι προστατεύω τον θησαυρό μου και αναπαύομαι στο βουνό μου από χρυσά νομίσματα. Αύριο θα είναι μια άλλη συναρπαστική μέρα στη ζωή μου ως δράκος. Τα λέμε σύντομα,
Ο δράκος

After sunset I protect my treasure and rest on my mountain of gold coins. Tomorrow will be another exciting day in my dragon life.
See you soon,
The dragon

> **Πώς μοιάζει ο δράκος;** *What does the dragon look like?*
> **Γνωρίζουμε ήδη ότι ο δράκος έχει κόκκινα μάτια, αλλά αυτή είναι η μόνη περιγραφή της εμφάνισής του. Πώς φαντάζεσαι τον δράκο; Περίγραψέ το.** *We already know that the dragon has red eyes, but this is the only description of its appearance. How do you imagine the dragon? Describe it.*

_____
_____
_____
_____
_____
_____
_____
_____
_____
_____

Μια έκπληξη στην κουζίνα

A surprise in the kitchen

Μετά από δύο ώρες παιχνιδιού, ο Δημήτρης και ο Μιχάλης πεινάνε και διψούν. Αποφασίζουν να κάνουν ένα διάλειμμα για φαγητό. Πηγαίνουν στην κουζίνα και τρώνε μπισκότα σοκολάτας και πίνουν χυμό πορτοκαλιού.

After playing for two hours, Dimitris and Michalis are hungry and thirsty. They decide to take a break to eat They go to the kitchen and eat chocolate chip cookies and drink orange juice.

Η Έλενα, η αδερφή του Μιχάλη, είναι και αυτή στην κουζίνα και τρώει μαζί τους. Μιλούν για το σχολείο και τους φίλους τους. Στην Έλενα αρέσει πολύ να πηγαίνει στο πανεπιστήμιο.

Michalis's sister Elena is also in the kitchen and eats with them. They talk about school and their friends. Elena likes going to college very much.

Λέει ότι οι καθηγητές είναι πολύ απαιτητικοί και οι εξετάσεις είναι πολύ

δύσκολες, αλλά είναι πολύ διασκεδαστικό να μαθαίνεις νέα πράγματα.

She says the teachers are very demanding and the exams are very difficult, but it is a lot of fun to learn new things.

Είναι καλή μαθήτρια και είναι πολύ καλή και στον αθλητισμό. Παίξτε βόλεϊ και μπάσκετ κάθε εβδομάδα.

She is a good student and is also very good at sports. She plays volleyball and basketball every week.

Δημήτρης: Έλενα, πες μας λίγο για το πανεπιστήμιο.
Έλενα: Λοιπόν, το πανεπιστήμιο είναι μεγάλη πρόκληση, αλλά μου αρέσει πολύ. Οι δάσκαλοι είναι απαιτητικοί και οι εξετάσεις είναι δύσκολες, αλλά το να μαθαίνεις νέα πράγματα είναι πολύ διασκεδαστικό. Μου αρέσει επίσης να αθλούμαι. Παίζω βόλεϊ και μπάσκετ κάθε εβδομάδα.

Dimitris: Elena, tell us a little about college.
Elena: Well, college is a big challenge, but I like it a lot. The professors are demanding and the exams are difficult, but learning new things is a lot

of fun. I also love participating in sports. I play volleyball and basketball every week.

Μιχάλης: Τέλειο ακούγεται Έλενα! Είσαι πολύ ταλαντούχος, πώς πάνε τα μαθήματά σου;
Έλενα: Ευχαριστώ Μιχάλη. Είμαι καλός μαθητής, δουλεύω σκληρά. Αλλά μου αρέσει επίσης να ασκούμαι και να είμαι ενεργός. Είναι σημαντικό να βρείτε μια ισορροπία μεταξύ μελέτης και αθλητισμού.
Michalis: That sounds amazing, Elena! You are very talented. And how are you doing in your classes?
Elena: Thank you, Michalis. I'm a good student, I try very hard. But I also enjoy exercising and staying active. It's important to balance study and sports.

Καθώς τρώνε και μιλάνε, ακούνε έναν περίεργο θόρυβο μέσα σε ένα ντουλάπι κουζίνας. Η Έλενα είναι πολύ φοβισμένη, νομίζει ότι υπάρχει ένα ποντίκι στην κουζίνα. Δεν της αρέσουν τα ποντίκια. Αλλά δεν υπάρχει ποντίκι. Ο Δημήτρης ανοίγει

την πόρτα του ντουλαπιού και βρίσκει μια μικρή κίτρινη γάτα.

While they are eating and talking, they hear a strange noise inside a kitchen cabinet. Elena is very scared, she thinks there is a mouse in the kitchen. She doesn't like mice. But there is no mouse. Dimitris opens the door of the cabinet and finds a small yellow cat.

Μιχάλης: Κοίτα! Δεν είναι ποντίκι, είναι γάτα. Φαίνεται χαμένος και φοβισμένος.
Έλενα: Καημένη. Πρέπει να πεινάει και να διψάει. Ας του δώσουμε κάτι να φάει και να πιει.

Michael: Look! It's not a mouse, it's a cat. He looks lost and scared.
Elena: Poor thing. He must be hungry and thirsty. Let's give him something to eat and drink.

Ο Δημήτρης και ο Μιχάλης δίνουν φαγητό και νερό στη γάτα, η οποία τρώει και πίνει πρόθυμα. Σταδιακά η γάτα αισθάνεται καλύτερα.

Dimitris and Michalis give food and water to the cat, who eats and drinks eagerly. Little by little the cat feels better.

Η Έλενα αποφασίζει να υιοθετήσει τον γάτο και τον αποκαλεί Ήλιο, γιατί είναι κίτρινος σαν τον ήλιο. Τώρα η οικογένεια του Μιχάλη έχει ένα νέο κατοικίδιο και όλοι απολαμβάνουν την παρέα του στο σπίτι.

Elena decides to adopt the cat and names him Sol, because he is yellow like the sun. Now Michalis's family has a new pet and everyone enjoys his company in the house.

Μια μέρα στην παραλία
A day on the beach

Ο Δημήτρης και η οικογένειά του αποφασίζουν να περάσουν μια μέρα στην παραλία. Έχει λιακάδα και ο ουρανός είναι καθαρός. Φέρνουν μαζί τους πετσέτες, αντηλιακό και ένα ψυγείο γεμάτο φαγητό, πολύ φαγητό!

Dimitris and his family decide to spend a day at the beach. It's sunny and the sky is clear. They bring towels, sunscreen and a cooler full of food - lots of food!

Όταν φτάνουν στην παραλία, ο Δημήτρης τρέχει στο νερό και βουτάει. Ο Δημήτρης αγαπά πολύ το κολύμπι. Το νερό είναι λίγο κρύο, αλλά είναι πολύ δροσιστικό γιατί είναι ζεστό.

When they get to the beach, Dimitris runs into the water and dives in. Dimitris likes swimming very much. The water is a bit cold, but this is very refreshing because it is hot.

Η μαμά του Δημήτρη απλώνει την πετσέτα της στην άμμο και κάθεται να ξεκουραστεί. Ο μπαμπάς του Δημήτρη βγάζει μια μπάλα και αρχίζει να παίζει με τον Νικόλα τον σκύλο. Ο Δημήτρης βγαίνει από το νερό και αποφασίζει να πάει μαζί με τον μπαμπά και τον Νικόλα σε ένα παιχνίδι με μπάλα.

Dimitris's mom spreads her towel on the sand and sits down to rest. Dimitris's dad takes out a ball and starts playing with Nicholas, the dog. Dimitris gets out of the water and decides to join dad and Nicholas' game with the ball.

Αφού παίξουν, αποφασίζουν να φάνε. Ανοίγουν το ψυγείο και βγάζουν σάντουιτς και φρούτα. Υπάρχουν μήλα, μπανάνες, καρπούζι, ανανάδες και άλλα φρούτα. Κάθονται όλοι στην πετσέτα τους και απολαμβάνουν το πικνίκ τους στην παραλία.

After playing, they decide to eat. They open the fridge and take out sandwiches and fruits. There are apples, bananas, watermelon, pineapple and other fruits. They all sit on the towel and enjoy their picnic on the beach.

Μετά το μεσημεριανό γεύμα, ο Δημήτρης και ο πατέρας του αποφασίζουν να χτίσουν ένα κάστρο από άμμο. Χρησιμοποιούν φτυάρια και κουβάδες για να χτίσουν πύργους και τείχη. Είναι διασκεδαστικό να δουλεύουμε μαζί.

After lunch, Dimitris and his dad decide to build a sand castle. They use shovels and buckets to make towers and walls. It's fun to work together.

Στο μεταξύ, η μητέρα του Δημήτρη χαλαρώνει κάτω από μια ομπρέλα και

διαβάζει ένα βιβλίο. Απολαύστε τον ήχο των κυμάτων και τη θαλασσινή αύρα.

Meanwhile, Dimitris's mom relaxes under an umbrella and reads a book. She enjoys the sound of the waves and the sea breeze.

Τελειώνοντας το κάστρο, ο Δημήτρης και ο πατέρας του πάνε ξανά στο νερό. Αυτή τη φορά φέρνουν μαζί τους μια σανίδα του σερφ. Θέλουν να δοκιμάσουν να σερφάρουν στα κύματα.

After finishing the castle, Dimitris and his dad approach the water again. This time they are carrying a surfboard. They want to try to surf the waves.

Ο Δημήτρης ανεβαίνει στη σανίδα και βγαίνει με κουπί στη θάλασσα. Περιμένει υπομονετικά ένα καλό κύμα, και όταν έρθει, σηκώνεται και κάνει σερφ. Νιώθει γεμάτος ενέργεια και ενέργεια.

Dimitris gets on the board and paddles out to sea. He waits patiently for a good wave and, when it comes, he stands up and surfs. He feels excited and full of energy.

Η μέρα περνάει γρήγορα και ο ήλιος αρχίζει να δύει. Είναι ώρα να φύγω. Ο Δημήτρης χαιρετά την παραλία με το χαμόγελο στα χείλη. Στο δρόμο της επιστροφής στο σπίτι, νιώθει κουρασμένος αλλά πολύ χαρούμενος.

The day passes quickly and the sun begins to set. It is time to leave. Dimitris says goodbye to the beach with a smile on his face. On the way back home, he feels tired but very happy.

Οι διακοπές *Vacations*
Η οικογένεια του Δημήτρη λατρεύει την παραλία. Σας αρέσει η παραλία ή προτιμάτε το δάσος ή τα βουνά; Γιατί; *Dimitris's family enjoys the beach. Do you like the beach or do you prefer the forest or the mountains? Where do you prefer to go on vacation and why?*

_____

_____

_____

_____

_____

_____

Ένα ταξίδι στο ζωολογικό κήπο

A trip to the zoo

Ο Δημήτρης και η τάξη του πηγαίνουν εκδρομή στο ζωολογικό κήπο. Είναι ενθουσιασμένοι που βλέπουν ζώα από όλο τον κόσμο.

Dimitris and his class are going on a field trip to the zoo. They are excited to see animals from all over the world.

Όταν φτάνουν, χωρίζονται σε ομάδες και δίνονται χάρτες του ζωολογικού κήπου. Ο Δημήτρης είναι στην παρέα του καλύτερου φίλου του, Μιχάλη.

When they arrive, they are divided into groups and given maps of the zoo. Dimitris is in the group of his best friend, Michalis.

Το πρώτο ζώο που βλέπετε είναι ένας ελέφαντας. Είναι μεγάλο και έχει μακρύ κορμό. Σε όλους αρέσει να παρακολουθούν τον ελέφαντα να κάνει μπάνιο με τον κορμό του.

The first animal they see is an elephant. It is big and has a long trunk. Everyone likes to watch the elephant bathe with its trunk.

Μετά πάνε να δουν τις μαϊμούδες. Οι πίθηκοι πηδούν από κλαδί σε κλαδί και αιωρούνται. Οι πίθηκοι τρώνε μπανάνες. Κλονίζουν τριγύρω και κάνουν τους πάντες να γελούν.

Then they go to see the monkeys. The monkeys jump from branch to branch and swing. The monkeys eat bananas. They clown around and make everyone laugh.

Μετά πηγαίνουν στο τμήμα των λιονταριών. Υπάρχουν πέντε λιοντάρια, όλα πολύ όμορφα. Τα λιοντάρια είναι δυνατά και μεγαλειώδη. Είναι ξαπλωμένοι στον ήλιο και ξεκουράζονται.

Then they go to the lion section. There are 5 lions, all very beautiful. Lions are strong and majestic. They are lying in the sun and having a rest.

Συνεχίζουν το ταξίδι τους και φτάνουν στην περιοχή των πιγκουίνων. Οι πιγκουίνοι περπατούν αμήχανα και κάνουν περίεργους θορύβους. Ο Δημήτρης και ο Μιχάλης γελούν με τη θέα τους.

They continue their tour and arrive at the penguin area. The penguins walk awkwardly and make funny noises. Dimitris and Michalis laugh a lot when they see them.

Τελικά φτάνουν στο ενυδρείο. Υπάρχουν πολύχρωμα ψάρια που κολυμπούν σε μεγάλες δεξαμενές νερού. Ο Δημήτρης θαυμάζει τη θέα των διαφορετικών θαλάσσιων ειδών.

Finally, they arrive at the aquarium. There are colorful fish swimming in large tanks of water. Dimitris marvels at the sight of the different marine species.

Αφού περιηγηθούν στο ζωολογικό κήπο, κάθονται σε έναν χώρο για πικνίκ για μεσημεριανό γεύμα. Όλοι ανοίγουν το μεσημεριανό τους κουτί και μοιράζονται το φαγητό με φίλους.

After touring the zoo, they sit in a picnic area for lunch. Everyone opens their lunch box and shares food with their friends.

Καθώς τρώνε, ο Δημήτρης και ο Μιχάλης μιλούν για την επίσκεψή τους στον ζωολογικό κήπο:

Μιχάλης: Πω πω, αυτός ο ελέφαντας είναι φοβερός! Μου αρέσει να τον βλέπω να κάνει μπάνιο με μπαούλο. Γνωρίζετε ότι οι ελέφαντες είναι τα αγαπημένα μου ζώα;

While eating, Dimitris and Michalis talk about the visit to the zoo:

Michalis: Wow, that elephant is awesome! I love to see how he bathes with his trunk. You know that elephants are my favorite animals?

Δημήτρης: Ναι, θυμάμαι. Σου αρέσουν πολύ οι ελέφαντες. Είναι πολύ ενδιαφέροντα ζώα. Αλλά μου αρέσουν οι μαϊμούδες, είναι τόσο αστείοι! Πηδάνε από κλαδί σε κλαδί και αιωρούνται, μοιάζουν τόσο με τους ανθρώπους.

Dimitris: Yes, I remember. You like elephants very much. They are very interesting animals. But I love monkeys, they are so funny! They jump from branch to branch and swing, they are so similar to human beings.

Μιχάλης: Είναι αλήθεια! Οι πίθηκοι μοιάζουν πολύ με τους ανθρώπους. Λατρεύω και τα λιοντάρια. Με τρομάζουν λίγο, αλλά είναι τόσο δυνατοί. Μακάρι να ήμουν δυνατός σαν λιοντάρι.

Michael: It's true! Monkeys are very similar to human beings. I love lions too. They scare me a little bit, but they are so strong. I would like to be as strong as a lion.

Δημήτρης: Ναι, τα λιοντάρια είναι πολύ εντυπωσιακά. Αλλά και οι πιγκουίνοι είναι υπέροχοι. Με κάνουν να γελάω πολύ όταν τους βλέπω.

Dimitris: Yes, the lions are really impressive. But the penguins are also fantastic. I laugh a lot when I see them.

Μιχάλης: Χαχαχα! Οι πιγκουίνοι είναι πάντα αξιολάτρευτοι και κάνουν τους πάντες να γελούν. Αλλά το αγαπημένο μου μέρος είναι το ενυδρείο. Υπάρχουν τόσα πολλά ψάρια, κόκκινο, κίτρινο, μπλε... Υπάρχουν ψάρια όλων των χρωμάτων.

Michalis: Ha ha ha! The penguins are always adorable and make everyone laugh. But my favorite part is the aquarium. There are so many fish, red, yellow, blue... There are fish of all colors.

Δημήτρης: Ναι, τα ψάρια είναι όμορφα. Ποιο είναι το αγαπημένο σου ζώο γενικά Μιχάλη; Μιχάλης: Δύσκολα διαλέγεις! Αλλά νομίζω ότι θα διαλέξω τους ελέφαντες. Το μέγεθος και η ευφυΐα τους με συναρπάζουν. Και εσύ ποιο είναι το αγαπημένο σου ζώο;

Dimitris: Yes, fish are beautiful. What is your favorite animal in general, Michalis?
Michalis: It's hard to choose! But I think I'll go with elephants. Their size and intelligence fascinate me. And you, what is your favorite animal?

Δημήτρης: Είναι δύσκολο να διαλέξω ένα, γιατί μου αρέσουν όλες, αλλά νομίζω ότι οι μαϊμούδες είναι αυτές που μου αρέσουν περισσότερο. Οι γελοιότητες και η ευκινησία τους με εκπλήσσουν. Αλλά γενικά, όλα τα ζώα είναι υπέροχα.

Dimitris: Well, it's hard to choose one because I like them all, but I think the monkeys are the ones I enjoy the most. Their mischief and agility amaze me. But in general, all animals are amazing.

Μετά το γεύμα, βγάζουν μια φωτογραφία για να θυμηθούν την ημέρα. Είναι χαρούμενοι και ευγνώμονες για την ευκαιρία να δουν τόσα πολλά καταπληκτικά ζώα.

After lunch, they take a photo to remember the day. They are happy and grateful for the opportunity to see so many amazing animals.

Τα γενέθλια του Δημήτρη
Dimitris's birthday

Σήμερα έχει γενέθλια ο Δημήτρης και είναι πολύ συγκινημένος: έκλεισε τα δεκαεπτά! Το πρωί η μαμά του Δημήτρη του μαγειρεύει ένα ξεχωριστό πρωινό.

Today is Dimitris's birthday and he is very excited - he is now seventeen! In the morning, Dimitris's mom prepares a special breakfast for him.

Υπάρχει τοστ, ομελέτα, χυμός πορτοκαλιού και ένα επιδόρπιο. Ο Δημήτρης είναι χαρούμενος και ευχαριστεί τη μητέρα του για το νόστιμο πρωινό. Σήμερα το απόγευμα, η οικογένεια και οι φίλοι του θα συγκεντρωθούν στο σπίτι του για να γιορτάσουν.

There is toast, scrambled eggs, orange juice and a sweet. Dimitris is happy and thanks his mom for the delicious breakfast. This afternoon, his family and friends will gather at his house to celebrate.

Έρχεται το βράδυ και οι καλεσμένοι αρχίζουν να φτάνουν. Η θεία Βασιλική, ο θείος Μαρίνος, ο παππούς και η γιαγιά, καθώς και ο φίλος τους Μιχάλης και η αδερφή του Έλενα.

The afternoon arrives and the guests begin to arrive. Aunt Vasiliki, Uncle Marinos, grandfather and grandmother, as well as their friend Michalis and his sister Elena.

Ο Δημήτρης καλωσορίζει όλους και τους ευχαριστεί που ήρθαν. Η μαμά του Δημήτρη φέρνει μια τούρτα σοκολάτα. Η τούρτα έχει δεκαεπτά κεριά από πάνω. Όλοι τραγουδούν το «Happy Birthday» καθώς ο Δημήτρης σβήνει τα κεράκια.

Dimitris welcomes everyone and thanks them for coming. Dimitris's mom brings a chocolate cake. The cake has seventeen candles on top. Everyone sings "Happy Birthday" as Dimitris blows out the candles.

Η μητέρα του Δημήτρη κόβει την τούρτα και τη μοιράζεται με όλους. Το κέικ είναι γλυκό και νόστιμο. Όλοι απολαμβάνουν κάθε μπουκιά.

Dimitris's mom cuts the cake and shares it with everyone. The cake is sweet and delicious. Everyone enjoys every bite.

Αφού φάει την τούρτα, ο Δημήτρης ανοίγει δώρα από την οικογένεια και τους φίλους του. Η μαμά του δίνει ένα ζεστό κασκόλ και ο μπαμπάς ένα βιβλίο με περιπέτειες.

After eating the cake, Dimitris opens presents from his family and friends. His mom gives him a warm scarf and his dad gives him an adventure book.

Ο παππούς και η γιαγιά του δίνουν ένα νέο πουκάμισο, οι θείοι του ένα παντελόνι και ο Μιχάλης ένα τηλεπαιχνίδι που του άρεσε πολύ. Η Έλενα, η αδερφή του Μιχάλη, της δίνει ένα βιβλίο για την αρχαία Αίγυπτο.

His grandparents give him a new T-shirt, his aunt and uncle give him a pair of pants and Michalis gives him a video game he loved very much. Elena, Michalis's sister, gives him a book about ancient Egypt.

Αφού ανοίξουν τα δώρα, αποφασίζουν να παίξουν μερικά διασκεδαστικά παιχνίδια. Παίζουν μουσικές καρέκλες και παιχνίδια εικασίας. Γελούν πολύ και διασκεδάζουν μαζί.

After opening the gifts, they decide to play fun games. They play musical chairs and riddles. They laugh a lot and have fun together.

Ο Δημήτρης ερωτεύεται
Dimitris falls in love

Κατά τη διάρκεια του πάρτι, ο Δημήτρης παρατηρεί ότι η Έλενα είναι ιδιαίτερα λαμπερή και φιλική. Το γέλιο του είναι μεταδοτικό και τα μάτια του αστράφτουν όταν αλληλεπιδρά με άλλους.
During the party, Dimitris notices that Elena is especially radiant and friendly. Her laughter is contagious and her eyes sparkle when she interacts with others.

Καθώς οι ώρες περνούν, ο Δημήτρης συνειδητοποιεί ότι λατρεύει την παρέα της Έλενας και απολαμβάνει κάθε συζήτηση που κάνουν μαζί.
As the hours pass, Dimitris realizes that he really likes Elena's company and enjoys every conversation they have together.

Ο Δημήτρης αρχίζει να νιώθει πεταλούδες στο στομάχι του κάθε φορά που τη βλέπει. Όμως είναι ήδη σκοτεινά και το πάρτι κοντεύει να τελειώσει. Οι καλεσμένοι χαιρετούν και αγκαλιάζουν τον Δημήτρη. Είναι κουρασμένος αλλά χαρούμενος.

Dimitris begins to feel butterflies in his stomach every time he sees her. But it is already dark and the party is coming to an end. The guests say goodbye and give Dimitris hugs. He is tired but happy.

Αφού όλοι οι καλεσμένοι έχουν αποχαιρετιστεί και το σπίτι είναι ξανά ήσυχο, ο Δημήτρης κάθεται στο δωμάτιό του και σκέφτεται τα συναισθήματά του για την Έλενα. Αποφασίζει να γράψει στο ημερολόγιό του για να εκφράσει τις σκέψεις του:

After all the guests say goodbye and the house returns to quiet, Dimitris sits in his room and reflects on his feelings for Elena. He decides to write in his journal to express his thoughts:

Αγαπητό ημερολόγιο,
Σήμερα είναι τα δέκατα όγδοα γενέθλιά μου. Το μυαλό μου είναι γεμάτο σκέψεις και η καρδιά μου χτυπά πιο γρήγορα. Νομίζω ότι μου αρέσει η Έλενα, η αδερφή του Μιχάλη. Μου αρεσει πολυ.

Dear Diary,
Today is my seventeenth birthday. My mind is full of thoughts and my heart is beating faster. I think I like Elena, Michalis's sister. I like her a lot.

Όποτε είμαστε μαζί, νιώθω ένα μοναδικό δέσιμο και ευτυχία που δύσκολα περιγράφεται με λόγια. Η Έλενα είναι όμορφη, έξυπνη και γοητευτική. Το χαμόγελό του φωτίζει κάθε δωμάτιο και ο τρόπος ζωής του με συναρπάζει.

Every time we are together, I feel a unique connection and a happiness that is hard to describe in words. Elena is beautiful, intelligent and charming. Her smile lights up any room and her way of being captivates me.

Δεν μπορώ να μην τη σκεφτώ και πώς θα ήταν να περνούσαμε περισσότερο χρόνο μαζί, να γνωριστούμε καλύτερα και να μοιραστούμε ξεχωριστές στιγμές. Θα ήθελα να μάθω αν έχει το ίδιο συναίσθημα για μένα.
Τα λέμε αύριο, αγαπητό ημερολόγιο.

I can't help but think about her and what it would be like to spend more time together, getting to

know each other better and sharing special moments. I'd like to find out if she feels the same way about me.
See you tomorrow, dear diary.

Ο Δημήτρης αφήνει το ημερολόγιο και ξαπλώνει στο κρεβάτι, με ένα χαμόγελο στα χείλη και την ελπίδα στην καρδιά του.
Dimitris puts away his diary and lies down on his bed, with a smile on his face and hope in his heart.

Ένα γράμμα αγάπης *A love letter*

Σου αρέσει κάποιος; Γράψε ένα γράμμα αγάπης σε αυτό το ξεχωριστό άτομο. Αν δεν σας αρέσει κανένας αυτή τη στιγμή, φανταστείτε ότι στέλνετε μηνύματα σε ένα φανταστικό άτομο.

Do you like someone? Write a love letter to this special person. If you don't like anyone at the moment, imagine writing to an imaginary person.

Ο Δημήτρης μιλάει με την Έλενα

Dimitris talks to Elena

Την επόμενη μέρα ο Δημήτρης πηγαίνει βόλτα στο πάρκο με τον σκύλο του Νικόλα. Ξαφνικά, ο Δημήτρης παρατηρεί την Έλενα να κάθεται σε ένα παγκάκι και να διαβάζει. Ο Δημήτρης αποφασίζει να εκμεταλλευτεί την ευκαιρία για να μιλήσει με την Έλενα.

The next day, Dimitris goes for a walk in the park with Nicholas the dog. Suddenly, Dimitris notices Elena sitting on a park bench reading. Dimitris decides to take the opportunity to talk to Elena.

Καθώς περπατάει προς το μέρος της, η καρδιά του χτυπάει δυνατά. Δεν ξέρει πώς να της εκφράσει τα συναισθήματά του, αλλά ξέρει ότι πρέπει να προσπαθήσει.
Ο Δημήτρης πλησιάζει αργά, νιώθοντας ένα εξόγκωμα στο λαιμό του. Ωστόσο, αποφασίζει να ατσαλωθεί και κάθεται δίπλα της.

As he walks towards her, his heart is pounding. He doesn't know how to express his feelings to her, but he knows he must try. Dimitris approaches her slowly, feeling a lump in his throat. However, he decides to gather his courage and sits down next to her.

«Γεια σου, Έλενα», χαιρετά ο Δημήτρης με ένα νευρικό χαμόγελο.
Η Έλενα σηκώνει τα μάτια από το βιβλίο της και χαμογελάει πίσω. «Γεια, Δημήτρη, πώς είσαι;

"Hello, Elena," Dimitris greets with a nervous smile.
Elena looks up from the book and smiles back. "Hi, Dimitris, how are you?"

Ο Δημήτρης κάθεται στην καρέκλα του, ψάχνοντας για τις κατάλληλες λέξεις. "Λοιπόν, ευχαριστώ. Ήθελα να σου πω κάτι...κάτι πολύ σημαντικό."
Η Έλενα συνοφρυώνεται ελαφρά, περίεργη. «Τι είναι, Δημήτρη; Φαίνεσαι λίγο νευρικός.

Dimitris settles back in his seat, searching for the right words. "Well, thank you. I wanted to tell you something... something very important."

Elena frowns slightly, intrigued. "What is it, Dimitris? You seem a little nervous."

Ο Δημήτρης παίρνει μια βαθιά ανάσα και αποφασίζει να είναι άμεσος. «Άκου Έλενα, στο χθεσινό πάρτι κατάλαβα ένα πράγμα, απολαμβάνω πολύ την παρέα σου και νιώθω κάτι παραπάνω για σένα.
Dimitris takes a deep breath and decides to be direct. "Look, Elena, during the party yesterday I realized something. I really enjoy your company and I feel something more for you."

Τα μάτια της Έλενας ανοίγουν ελαφρώς από έκπληξη. "Α, αλήθεια; Και τι ακριβώς νιώθεις;"
Elena's eyes widen slightly in surprise. "Oh, really, and what exactly do you feel?"

Ο Δημήτρης κάνει μια στιγμή να καθαρίσει το κεφάλι του. "Νιώθω ότι υπάρχει ένας ιδιαίτερος δεσμός μεταξύ μας. Μου αρέσει να περνάω χρόνο μαζί σου, θέλω να σε γνωρίσω καλύτερα και να μοιραστώ ξεχωριστές στιγμές. Αναρωτιέμαι αν νιώθεις κι εσύ κάτι παρόμοιο".

Dimitris takes a moment to clarify his thoughts. "I feel there is a special connection between us. I like spending time with you, I want to get to know you better and share special moments. I wonder if maybe you feel something similar too."

Η Έλενα χαμογελάει απαλά και βάζει ένα χέρι στο χέρι του Δημήτρη. "Δημήτρη πρέπει να κάνω μια εξομολόγηση. Μου αρέσει πολύ και η παρέα σου. Μου αρέσει όπως είσαι και που με κάνεις να γελάω. Ωστόσο, πρέπει να είμαι ειλικρινής μαζί σου. Έχω ήδη ένα αγόρι.

Elena smiles sweetly and places a hand on Dimitris's hand. "Dimitris, I have a confession to make. I really enjoy your company too. I like the way you are and the way you make me laugh. However, I have to be honest with you. I already have a boyfriend."

Το χαμόγελο του Δημήτρη σβήνει λίγο, αλλά εκτιμά την ειλικρίνεια της Έλενας. "Καταλαβαίνω, Έλενα. Ευχαριστώ που είσαι ειλικρινής μαζί μου."

Dimitris's smile fades slightly, but he appreciates Elena's honesty. "I understand, Elena. Thank you for being honest with me."

Η Έλενα σφίγγει απαλά το χέρι του Δημήτρη. "Δημήτρη θα ήθελα να μείνουμε φίλοι. Είσαι υπέροχος άνθρωπος και εκτιμώ πολύ τη φιλία μας".
Elena gently squeezes Dimitris's hand. "Dimitris, I would like to continue to be friends. You are a wonderful person and I value our friendship very much."

Ο Δημήτρης γνέφει, ένα μείγμα απογοήτευσης και αποδοχής στα μάτια του. "Σίγουρα, Έλενα. Εκτιμώ επίσης τη φιλία μας. Θα ήθελα να παραμείνω φίλη σου."
Dimitris nods, a mixture of disappointment and acceptance in his eyes. "Of course, Elena. I also value our friendship. I'd like to remain your friend."

> **Φιλία** *Friendship*
> **Ποιες είναι οι πιο σημαντικές ιδιότητες ενός φίλου; Γράψτε ένα παράδειγμα για κάθε ποιότητα.**
> *What are the most important qualities in a friend? Write an example for each quality.*

Ο Δημήτρης μιλάει με τον Μιχάλη

Dimitris talks to Michalis

Μετά τη συζήτηση με την Έλενα, ο Δημήτρης αποφασίζει να μιλήσει με τον Μιχάλη, για να πάρει περισσότερες πληροφορίες για το αγόρι της. Στο μάθημα της χημείας, ο Δημήτρης πλησιάζει τον Μιχάλη και του λέει:

After the conversation with Elena, Dimitris decides to talk to Michalis, to get more information about her boyfriend. During chemistry class, Dimitris approaches Michalis and tells him:

"Φαίνεται ότι η Έλενα έχει αγόρι, μπορείς να μου πεις περισσότερα για αυτόν; Θα ήθελα να μάθω περισσότερες λεπτομέρειες".

"It looks like Elena has a boyfriend, could you tell me a little more about him? I'd like to know more details."

Ο Μιχάλης απαντά με ένα φιλικό χαμόγελο. "Σίγουρα, Δημήτρη! Ο φίλος της ονομάζεται Κάρλο. Είναι ένα αγόρι που ξέρει στο πανεπιστήμιο. Σπουδάζουν μαζί και είναι συμμαθητές."

Michalis responds with a friendly smile. "Sure, Dimitris! Her boyfriend's name is Carlo. He's a guy she knows from college. They study together and are classmates."

Ο Δημήτρης ακούει προσεκτικά παίρνοντας τις πληροφορίες. «Βλέπω. Πόσο καιρό είναι μαζί;

Dimitris listens attentively, assimilating the information. "I understand. How long have you been together?"

Ο Μιχάλης αναλογίζεται για μια στιγμή. "Νομίζω ότι βγαίνουν για περίπου έξι μήνες. Γνωρίστηκαν σε μια ομάδα μελέτης και από τότε έγιναν φίλοι και μετά αρραβωνιάστηκαν. Γιατί λοιπόν τόσο μεγάλο ενδιαφέρον για το αγόρι της Έλενας;"

«Κανένας λόγος, μόνο περιέργεια», απαντά ο Δημήτρης.

Michalis reflects for a moment. "I think they've been dating for about six months. They met in a study group and have been friends and then boyfriend and girlfriend ever since. So why so much interest in Elena's boyfriend?"

"No reason, just curious," Dimitris replies.

Όλες αυτές οι ερωτήσεις φαίνονται λίγο περίεργες στον Μιχάλη, αλλά ο καθηγητής χημείας αρχίζει να μιλάει, οπότε ο Μιχάλης συγκεντρώνεται στην τάξη.

To Michalis, all these questions seem a little strange, but the chemistry teacher starts talking, so Michalis concentrates on the class.

Ο Δημήτρης προσέχει το μάθημα της χημείας, παρόλο που το μυαλό του σκέφτεται ακόμα την Έλενα και τη σχέση της με τον Κάρλο. Οι πληροφορίες που του έχει δώσει ο Μιχάλης τον αποθαρρύνουν λίγο, αλλά καταλαβαίνει και ότι η φιλία του με την Έλενα είναι σημαντική για εκείνον.

Dimitris pays attention to the chemistry class, although his mind is still thinking about Elena and her relationship with Carlo. The information Michalis has given him makes him feel a little *discouraged, but he also understands that his friendship with Elena is important to him.*

Μετά το μάθημα, ο Δημήτρης και ο Μιχάλης συναντιούνται στο διάδρομο και αποφασίζουν να πάνε μαζί για καφέ. Καθισμένος στο τραπέζι, ο Δημήτρης αποφασίζει να ανοιχτεί λίγο περισσότερο με τον φίλο του.

After class, Dimitris and Michalis meet in the hallway and decide to have coffee together. As they sit at a table, Dimitris decides to open up a little more with his friend.

"Μιχάλη, σε ευχαριστώ που μου είπες για τον Κάρλο. Η αλήθεια είναι ότι ο λόγος για τις ερωτήσεις μου είναι ότι θα ήθελα να είμαι κάτι παραπάνω από φίλος με την Έλενα. Τώρα όμως που ξέρω ότι έχει αγόρι, ξέρω ότι πρέπει να σεβαστείτε τη σχέση τους και τη φιλία μας».

"Michalis, thank you for telling me about Carlo. The truth is the reason for my questions is that I would like to be more than friends with Elena. But now that I know she has a boyfriend, I know I have to respect their relationship and our friendship."

"Καταλαβαίνω πώς νιώθεις, Δημήτρη. Μερικές φορές η καρδιά μας οδηγεί σε πολύπλοκους δρόμους. Αλλά είναι σημαντικό να σεβόμαστε τις αποφάσεις των άλλων."

Ο Δημήτρης αναστενάζει και παίζει με τον καφέ του. "Ναι έχεις δίκιο".

"I understand how you feel, Dimitris. Sometimes, the heart leads us down complicated paths. But it's important to respect the decisions of others."

Dimitris sighs and plays with his coffee cup. "Yes, you're right."

Ο Μιχάλης τον χτυπάει καθησυχαστικά στον ώμο. "Αυτή είναι η σωστή στάση, φίλε μου. Ο χρόνος θα σε βοηθήσει να θεραπεύσεις από αυτά τα συναισθήματα και ποιος ξέρει, ίσως η μοίρα σου επιφυλάσσει περισσότερες εκπλήξεις."

Michalis gives him a comforting pat on the shoulder. "That's the attitude, friend. Time will help you heal those feelings and, who knows, maybe fate has other surprises in store for you."

> **Δώστε συμβουλές** *Giving advice*
> Φαντάσου ότι ο Δημήτρης είναι φίλος σου και σου λέει για την απογοήτευσή του. Τι συμβουλή θα δίνατε στον Δημήτρη; *Imagine that Dimitris is your friend and he tells you about his disappointment in love. What advice would you give Dimitris?*

_____
_____
_____
_____
_____

Μια νέα αρχή
A new beginning

Μια μέρα ο πατέρας του Δημήτρη είναι πολύ σοβαρός και λέει στον Δημήτρη ότι πρέπει να του πει κάτι σημαντικό.
One day, Dimitris's father is very serious and tells Dimitris that he must tell him something important.

Κάθονται για καφέ και ο πατέρας της της λέει ότι σε μια εβδομάδα θα πρέπει να μετακομίσουν σε άλλη πόλη γιατί έχει μια νέα δουλειά εκεί.

They sit at the table over coffee and her dad tells her that in a week's time they have to move to another city because he has a new job there.

Ο Δημήτρης είναι λίγο στεναχωρημένος γιατί αυτό σημαίνει να ξεφύγεις από τον Μιχάλη, την Έλενα και τους φίλους του. Το Σαββατοκύριακο ο Δημήτρης πηγαίνει στο σπίτι του Μιχάλη για να αποχαιρετήσει τον φίλο του και την Έλενα.

Dimitris feels a little sad because this means moving away from Michalis, Elena and his friends. On the weekend, Dimitris goes to Michalis's house to say goodbye to his friend and Elena.

Ο Δημήτρης και η οικογένειά του αρχίζουν να μαζεύουν τα πράγματά τους σε κουτιά. Βάζουν τα βιβλία, τα παιχνίδια και τα ρούχα τους σε μεγάλα κουτιά. Όταν τελειώνουν με το πακετάρισμα, φορτώνουν τα πάντα στο κινούμενο φορτηγό. Ο Δημήτρης αποχαιρετά το παλιό του σπίτι και νιώθει νοσταλγία.

Dimitris and his family begin packing their belongings into boxes. They put their books, toys and clothes in big boxes. When they finish packing, they load everything into the moving truck. Dimitris says goodbye to his old house and feels nostalgic.

Στη διαδρομή προς τη νέα πόλη, ο Δημήτρης κάθεται στο πίσω κάθισμα του αυτοκινήτου και κοιτάζει έξω από το παράθυρο. Βλέπει πώς τα κτίρια και τα τοπία αλλάζουν καθώς απομακρύνονται από την προηγούμενη πόλη του.

On the trip to the new city, Dimitris sits in the back seat of the car, looking out the window. He sees how the buildings and landscapes change as they move away from his previous city.

Επιτέλους φτάνουν στο νέο τους σπίτι. Είναι ένα όμορφο σπίτι με μεγάλο κήπο. Ο Δημήτρης νιώθει λίγο καλύτερα όταν βλέπει πού θα ζήσουν.

Finally, they arrive at their new home. It is a nice house with a spacious garden. Dimitris feels a little better when he sees the place where they will live.

Ξεπακετάρουν τα κουτιά και βάζουν τα πάντα στη θέση τους. Ο Δημήτρης βλέπει το δωμάτιό του να παίρνει σχήμα και αρχίζει να νιώθει πιο άνετα.
They unpack the boxes and put everything in its place. Dimitris sees his room taking shape and begins to feel more comfortable.

Την επόμενη μέρα ο πατέρας του Δημήτρη τον πηγαίνει στο νέο σχολείο. Ο Δημήτρης είναι νευρικός που θα γνωρίσει νέους συμμαθητές. Όταν φτάνει στο σχολείο, η δασκάλα τον συστήνει στους συμμαθητές του.
The next day, Dimitris's father takes him to the new school. Dimitris is nervous about meeting new classmates. When he arrives at school, the teacher introduces him to his classmates.

Στην αρχή νιώθει ντροπαλός, αλλά οι άλλοι μαθητές είναι φιλικοί και φιλόξενοι. Κατά τη διάρκεια της ημέρας, ο Δημήτρης

συνειδητοποιεί ότι στο νέο του σχολείο υπάρχουν πολλοί ενδιαφέροντες μαθητές.

At first, he feels shy, but the other students are friendly and welcoming. Throughout the day, Dimitris realizes that there are many interesting students at his new school.

Αρχίζει να κάνει φίλους και νιώθει λιγότερο λυπημένος που αφήνει τους παλιούς του φίλους. Μετά το σχολείο, ο Δημήτρης και ο πατέρας του εξερευνούν μαζί την πόλη.

He begins to make friends and feels less sad about leaving his old friends. After school, Dimitris and his father explore the city together.

Ανακαλύπτουν ένα κοντινό πάρκο και απολαμβάνουν να παίζουν στις κούνιες. Όσο περνούν οι μέρες, ο Δημήτρης προσαρμόζεται στη νέα του ζωή στη νέα πόλη.

They discover a nearby park and have fun playing on the swings. As the days go by, Dimitris adapts to his new life in the new city.

Μια όμορφη συνάντηση
A beautiful encounter

Μια μέρα, περπατώντας στο πάρκο κοντά στο σπίτι του, ο Δημήτρης συναντά μια κοπέλα στην ηλικία του που κάθεται σε ένα παγκάκι και ζωγραφίζει σε ένα σημειωματάριο. Ο Δημήτρης πλησιάζει ντροπαλά και της χαμογελάει.
One day, while walking in the park near his house, Dimitris comes across a girl his age sitting on a bench, drawing in a notebook. Dimitris shyly approaches her and smiles.

«Γεια, τι ζωγραφίζεις;» ρωτάει με περιέργεια ο Δημήτρης.
Το κορίτσι σηκώνει το βλέμμα και χαμογελά πίσω. "Γεια! Σχεδιάζω το τοπίο του πάρκου, μου αρέσει να απαθανατίζω στιγμές στα σχέδιά μου. Είμαι η Σοφία, εσύ;".
"Hi, what are you drawing?" asks Dimitris curiously.
The girl looks up and smiles back. "Hi! I'm drawing the landscape of the park, I love to capture moments in my drawings. I'm Sophia, and you?"

"Είμαι ο Δημήτρης. Χαίρομαι που σε γνωρίζω, Σοφία", απαντά ο Δημήτρης ενθουσιασμένος από την προοπτική μιας νέας φιλίας.

"I'm Dimitris. It's nice to meet you, Sophia," Dimitris replies, feeling excited about the possibility of making a new friendship.

Η Σοφία του δείχνει το σημειωματάριό της και τις ζωγραφιές που έχει κάνει. Ο Δημήτρης εντυπωσιάζεται από το καλλιτεχνικό της ταλέντο. Μιλώντας, οι δυο τους ανακαλύπτουν ότι έχουν πολλά κοινά πράγματα, όπως το πάθος για τα βιβλία και την ιστορία.

Sophia shows him her notebook and the drawings she has made. Dimitris is impressed by her artistic talent. As they talk, they discover that they have many things in common, such as their passion for books and history.

Ο Δημήτρης καλεί τη Σοφία να περπατήσουν μαζί στο πάρκο και οι δυο τους συνεχίζουν να μιλούν ζωηρά. Συνειδητοποιούν ότι

έχουν έναν ιδιαίτερο δεσμό και νιώθουν άνετα ο ένας με τον άλλον.
Dimitris invites Sophia to walk in the park together and they continue to talk animatedly. They realize they have a special connection and feel comfortable with each other.

Με τον καιρό, ο Δημήτρης και η Σοφία γίνονται αχώριστοι. Περνούν πολύ χρόνο μαζί, εξερευνώντας την πόλη, μοιράζονται γέλια και ανακαλύπτουν νέα μέρη.
Over time, Dimitris and Sophia become inseparable. They spend a lot of time together, exploring the city, sharing laughs and discovering new places.

Η Σοφία δείχνει στον Δημήτρη το αγαπημένο της καφέ, όπου περνούν τα απογεύματα τους κουβεντιάζοντας και απολαμβάνοντας νόστιμα κέικ.
Sophia shows Dimitris her favorite coffee shop, where they spend afternoons chatting and enjoying delicious desserts.

Καθώς η φιλία τους δυναμώνει, ο Δημήτρης αρχίζει να καταλαβαίνει ότι τα συναισθήματά του για τη Σοφία ξεπερνούν τη φιλία. Κάθε φορά που τη βλέπει νιώθει πεταλούδες στο στομάχι του.

As their friendship grows stronger, Dimitris begins to realize that his feelings for Sophia go beyond simple friendship. He feels butterflies in his stomach every time he sees her.

Μια μέρα, μαζεύοντας όλο του το κουράγιο, ο Δημήτρης αποφασίζει να εκφράσει τα συναισθήματά του στη Σοφία. Την πηγαίνει πίσω στο πάρκο όπου συναντήθηκαν και με την καρδιά του να χτυπάει δυνατά, εξομολογείται τα συναισθήματά του.

One day, summoning all his courage, Dimitris decides to express his feelings to Sophia. He takes her back to the park where they met and, with his heart racing, confesses his feelings to her.

"Σοφία, από τη στιγμή που σε γνώρισα, η ζωή μου ήταν υπέροχη. Είσαι ένας απίστευτος άνθρωπος και με κάνεις να νιώθω ευτυχισμένη. Δεν μπορώ παρά να σε ερωτευτώ: θα ήθελες να είσαι κάτι περισσότερο από μια φίλη ;"

"Sophia, from the moment I met you, my life is wonderful. You are an amazing person and you make me feel happy. I can't help but fall in love with you, would you like to be more than just friends?"

Η Σοφία μένει για μια στιγμή σιωπηλή, επεξεργαζόμενη τα λόγια του Δημήτρη. Τότε ένα ειλικρινές χαμόγελο σχηματίζεται στο πρόσωπό του.
Sophia is silent for a moment, processing Dimitris's words. Then, a sincere smile forms on her face.

"Δημήτρη είσαι πολύ ξεχωριστός για μένα. Νιώθω κι εγώ κάτι παραπάνω από φιλία. Θα ήθελα να είμαστε κάτι παραπάνω από φίλοι, αν το επιθυμείς κι εσύ".
"Dimitris, you are very special to me. I also feel something more than friendship. I would love to be more than friends, if you would like that too."

Η καρδιά του Δημήτρη γεμίζει χαρά και συγκίνηση όταν ακούει τα λόγια της Σοφίας. Αγκαλιάζονται και μοιράζονται ένα γλυκό

φιλί στο πάρκο, σηματοδοτώντας την αρχή μιας όμορφης σχέσης.

Dimitris's heart fills with joy and emotion when he hears Sophia's words. They embrace and share a sweet kiss in the park, marking the beginning of a beautiful relationship.

Από εκείνη την ημέρα, ο Δημήτρης και η Σοφία εξερευνούν τη ζωή μαζί, στηρίζοντας ο ένας τον άλλον στα όνειρα και τους στόχους τους. Μοιράζονται γέλια, περιπέτειες και αξέχαστες στιγμές. Η νέα πόλη γίνεται το σκηνικό για την ιστορία αγάπης τους.

From that day on, Dimitris and Sophia explore life together, supporting each other in their dreams and goals. They share laughs, adventures and unforgettable moments. The new city becomes the stage of their love story.

Ο Δημήτρης μαθαίνει ότι τα νέα ξεκινήματα μπορούν να φέρουν υπέροχες ευκαιρίες και ότι μερικές φορές η μοίρα μας εκπλήσσει με ξεχωριστούς ανθρώπους στις πιο απροσδόκητες στιγμές.

Dimitris learns that new beginnings can bring wonderful opportunities and that sometimes fate surprises us with special people at the most unexpected times.

Με τη Σοφία στο πλευρό του, ο Δημήτρης βρίσκει την ευτυχία και τη χαρά.
With Sophia by his side, Dimitris finds happiness and joy.

> # Ένα τελευταίο κεφάλαιο *A final chapter*
> Βάλτε ένα τέλος σε αυτή την ιστορία: Είναι ο Δημήτρης και η Σοφία μαζί ευτυχισμένοι; Τι συμβαίνει στη ζωή τους; Γράψτε το τελευταίο **κεφάλαιο.** *Make up an ending for this story, do Dimitris and Sophia stay together and happy? What happens to their lives? Write the final chapter.*

Printed in Great Britain
by Amazon